Vorwort

Vor etwa 100 Jahren entstand die Russische Küche mit ihren Köstlichkeiten wie wir sie heute kennen.

Weltbekannt sind unter anderem Kaviar, Wodka, Borschtsch, Pelmeni, Schaschlik und Piroschki. Überwiegend sind es aber Gerichte, die Fleisch enthalten. Aber auch vegetarische Köstlichkeiten kommen in der russischen Küche vor und das zeigt Ihnen dieses Buch!

Viel Spaß beim Kochen, Kreieren und Backen!

SALATE UND VORSPEISEN

Salat Markovnij - Möhrensalat

Arbeitszeit: ca. 20 Min. / **Schwierigkeitsgrad:** simpel / **Kalorien p. P.:** 53kcal

1 kg Möhren
1 große Zwiebel
100ml Öl (heiß)
1 Knoblauchzehe

Zusätzlich etwas Essig, Salz, Pfeffer, Koriander

Zubereitung

Möhren raspeln und mit ein wenig Essig beträufeln. Zwiebel klein hacken und mit dem heißen Öl begießen. Knoblauchzehen durchpressen und in das Öl-Zwiebelgemisch rühren.

Alles über die Möhrchen gießen, mit Salz, Pfeffer und Koriander abschmecken und vor dem Verzehr ein wenig ziehen lassen.

Salat Markovnij s mayonesam - Möhrensalat mit Mayo

Arbeitszeit: ca. 15 Min. / **Schwierigkeitsgrad:** simpel / **Kalorien p. P.:** 100kcal

1 kg Möhren
5 Knoblauchzehen
1/2 Glas Mayonnaise oder Remoulade (vegane geht auch)

Zubereitung

Möhren in eine Schüssel raspeln. Knoblauchzehen zu den Möhren durchpressen. Gut umrühren und nach und nach Remoulade oder Mayonnaise beimischen. Je nach Geschmack 3/4 Glas oder ganzes Glas Mayo wird dafür verbraucht.

Salat Kartofilnij - Kartoffelsalat

Arbeitszeit: ca. 25 Min. / **Schwierigkeitsgrad:** normal / **Kalorien p. P.:** 230kcal

4 große Kartoffel
1 große Zwiebel
1 Dose Mais,
200-250g Abtropfgewicht
5 Eier
1 Glas Mayonnaise
1 TL Salz

Zubereitung

Die Kartoffel kochen. Die Eier hart kochen.

Die Zwiebel klein schneiden, den Dosenmais öffnen und abtropfen lassen.
Die hart gekochten Eier schälen, und klein schneiden. Alles in eine Schüssel rein tun.

Wenn die Kartoffel fertig gekocht sind, diese im kalten Wasser abkühlen lassen. Danach werden die gepellt und in Stücke geschnitten. Geschnittenen Kartoffeln in die Schüssel dazu geben. Je nach Geschmack ein 3/4 bis ganzes Glas Mayonnaise dazugeben, dann umrühren. Leicht salzen. Guten Appetit!

Olivije vigitarskij - Russischer Wintersalat auf vegitarische Art

Arbeitszeit: ca. 30 Min. / **Schwierigkeitsgrad:** normal / **Kalorien p. P.:** 350kcal

4 Eier
6 große Kartoffel
1 Dose Erbsen
3 Möhren
10-15 kleine Gewürzgurken
Oder
3 große Gewürzgurken
1/2 Glas Remoulade

Zusätzlich Salz und Pfeffer

Zubereitung

Kartoffel und Möhren schälen. Kartoffel, Eier und Möhren kochen. Dann im kalten Wasser abkühlen lassen.

Die Eier, die Kartoffeln und die Gurken in Würfel schneiden. Alles zusammen mit den abgetropften Erbsen in einer Schüssel mischen. Mit Remoulade, Pfeffer und Salz abschmecken. Am besten etwas ziehen lassen.

Nach Geschmack kann man mehr oder weniger Remoulade nehmen.

Slojnij Salat - Schichtsalat

Arbeitszeit: ca. 60 Min. / **Schwierigkeitsgrad:** einfach / **Kalorien p. P.:** 400 kcal

350g Möhren
500g Kartoffeln
1Zwiebel
200g Rote Bete (vakuumverpackt)
150g Salatmayonnaise
1Ei

Zusätzlich noch etwas Salz und zum Dekorieren etwas Petersilie und Dill

Zubereitung

Möhren und Kartoffeln schälen und waschen. Kartoffeln in kochendem Salzwasser ca. 20 Minuten garen. Nach knapp 10 Minuten die Möhren zugeben und mit garen. Das Ei kann in den letzten 5 Minuten mit rein.

Zwiebel schälen und fein würfeln. Rote Beten grob reiben. Wenn die Kartoffeln, das Ei und Möhren fertig gekocht sind, abgießen und auskühlen lassen.

Dann die Kartoffeln, Möhren und das Ei in Würfel schneiden.

In einer Schüssel, am besten durchsichtig für die Optik, die geschnittenen Kartoffeln legen. Dann die Zwiebel oben drauf und mit Mayonnaise leicht bedecken.

Als nächste Schicht die geschnittenen Möhren drauf legen und auf die Möhren das geschnittene gekochte Ei. Dann kommt wieder eine Schicht Mayonnaise.

Die geriebene Rote Bete kommt zum Schluss auf die geschnittenen Eier gut verteilt drauf. Wer Mayonnaise aus einer Tube nutzt, kann zusätzlich auf die Rote Beete die Mayo in Kästchenform drauf tun.

Zum Dekorieren einwenig Petersilie und Schnittlauch drüber streuen. Der Salat lässt sich super genießen, wenn der eine Stunde gestanden hat.

Tomaten-Auberginen-Antipasti

Arbeitszeit: ca. 45 Min. / **Schwierigkeitsgrad:** einfach / **Kalorien p. P.:** 155kcal

2Auberginen
6Tomaten
180mlMayonnaise
1 Knoblauchzehe

Zusätzlich etwas Öl, Salz und Kräuter

Zubereitung

Die Auberginen in ca 2 cm dünne Scheiben schneiden, mit einer Gabel jeweils mehrmals Löcher in die Scheiben stechen. Die Scheiben dann beidseitig mit dem Öl bepinseln. Anschließend in einer Pfanne von beiden Seiten durchbraten. Am besten mit der Gabel oder Pfannenwender fest drücken beim Braten, so wird die Aubergine saftig.

Auf einen mit Küchenpapier ausgelegten Teller die fertig gebratenen Auberginen legen.

Die Mayonnaise mit dem gepressten Knoblauch vermengen. Alternativ kann man auch Schmand, Salz, Pfeffer und eine gepresste Knoblauchzehe miteinander vermengen.

Die Tomaten werden auch in Scheiben geschnitten.

Nun eine Auberginenscheibe nehmen, etwas Salz drauf streuen, 1 TL Mayonnaise verteilen, eine Tomatenscheibe, etwas Salz wieder drauf streuen, Mayonnaise darauf verteilen und wieder eine Auberginenscheibe nehmen zum Schluss. So wäre das erste Türmchen fertig und so geht man weiter vor bis alle Zutaten verbraucht sind. Guten Hunger!

Jaiza s Mayonesam - Gefüllte Eier

Arbeitszeit: ca. 35 Min. / **Schwierigkeitsgrad:** einfach / **Kalorien p. P.:** 180 kcal

6 Eier (Grüße M)
120g Mayonnaise
1 Packung Salatkräuter
2 Knoblauchzehen

Zusätzlich etwas Salz und Pfeffer

Zubereitung

Eier hart kochen. Dann im kalten Wasser abkühlen lassen.

Nachdem Abkühlen, die Eier schälen und halbieren. Das Eigelb in eine separate Rührschüssel raus holen. Die hälften auf einen flachen Teller verteilen.

Zum Eigelb die Mayonnaise, die Salatkräuter und gepresste Knoblauchzehen rein mischen. Alles gut vermengen und Abschmecken ob eventuell etwas Salz oder Pfeffer noch fehlt.

Das Gemisch auf die halbierten Eier verteilen. Hierfür eignet sich ein Cremebeutel sehr gut. Wer keinen hat, kann an einem Tiefkühlbeutel eine kleine Ecke abschneiden und das Gemisch reintun. Und so in auf die Eier leicht verteilen.

Funtschosa - Glasnudelnsalat

Arbeitszeit: ca. 25 Min. / **Schwierigkeitsgrad:** einfach / **Kalorien p. P.:** 180 kcal

500g Zwiebel
500g Paprika
3 Möhren
500g Glasnudeln
1-2 Zehen Knoblauch

Zusätzlich etwas Rettich, Cayennepfeffer und Salz

Zubereitung

Die Zwiebel schälen, fein schneiden und in etwas Öl gar dünsten.

Die Paprika in feine Streifen schneiden und zu den Zwiebeln dazu geben.

Die Möhren schälen, schneiden und mit anbraten.

Mit etwas Rettich, Cayennepfeffer und Salz würzen.

Die Glasnudeln für 10 Minuten im kalten Wasser aufweichen und anschließend 2 Minute kochen.

Zum Schluss die Nudeln mit dem gebratenem Gemüse vermengen und servieren. Dieser Salat schmeckt kalt sehr gut.

Knoblauch-Champignons

Arbeitszeit: ca. 10 Min. / **Schwierigkeitsgrad:** einfach / **Kalorien p. P.:** 90 kcal

2 kleine Dosen Champignons
2 Päckchen Salatkräuter
2 Knoblauchzehen
3-4 EL Öl

Zubereitung

Die Champignons gut abtropfen lassen und in eine Schüssel geben.

Die Salatkräuter drüber streuen und den Knoblauch dazupressen. Alles gut durchrühren.

Das Öl erhitzen und heißt über die Champignons gießen. Alles nochmal umrühren und ca 4 Stunden ziehen lassen.

Gefüllte Tomaten mit Maissalat

Arbeitszeit: ca. 15 Min. / **Schwierigkeitsgrad:** einfach / **Kalorien p. P.:** 100 kcal

1 Dose Mais
1 grüne Paprikaschote
2 EL Öl
1 EL Tomatenmark
5-7 Tomaten

Zusätzlich Schnittlauch, Petersilie, Essig, Salz und Pfeffer

Zubereitung

Den Mais abtropfen lasen.

Die Paprika klein schneiden und zum Mais dazu geben.

Alles mit gehacktem Schnittlauch, Petersilie, Essig, Öl, Salz und Pfeffer vermengen und den Tomatenmark dazu mischen.

Die Tomaten aushöhlen und mit dem Salat füllen.

Rote Beete-Salat

Arbeitszeit: ca. 25 Min. / **Schwierigkeitsgrad:** simpel / **Kalorien p. P.:** 160kcal

1 Packung rote Beete (vakuumverpackt)
50g gehackte Walnüsse
3 Knoblauchzehen

Zusätzlich etwas Mayonnaise

Zubereitung

Die rote Beete aus der Verpackung nehmen, waschen und fein raspeln.

Die Walnüsse dazu tun.

Die Knoblauchzehen schälen und dazupressen.

Etwas Mayonnaise hineinmischen und alles gut umrühren.

Ikra - Kaltes Gemüseragout

Arbeitszeit: ca. 25 Min. / **Schwierigkeitsgrad:** einfach / **Kalorien p. P.:** 180 kcal

500g Möhren
500g Zwiebeln
500g Auberginen
oder Zucchini
3 Dosen Tomaten (in Stücke)
100g Tomatenmark

Zusätzlich etwas Petersilie, Dill, Salz und Pfeffer

Zubereitung

Die Möhren waschen, schälen und in feine Streifen schneiden. In Öl kurz anbraten.

Die Zwiebeln schälen und ebenfalls in Streifen schneiden. Anschließend in Öl anbraten.

Die Auberginen waschen, in kleine Würfel schneiden und salzen. Anschließen ebenfalls in Öl anbraten.

Die Tomaten mit dem Tomatenmark zu dem Gemüse dazu zum und etwas köcheln lassen.

Mit Petersilie, Dill, Salz und Pfeffer abschmecken und in Gläser füllen.

HAUPTGERICHTE

Akroschka - Sommersuppe

Arbeitszeit: ca. 30 Min. / **Schwierigkeitsgrad:** normal / **Kalorien p. P.:** 180kcal

6 große Kartoffel
6 Eier
1 Bund Radieschen
1Salatgurke
1 Bund Schnittlauch
1 Bund Dill
2 Becher Schmand
1 Becher Saure Sahne
2 Liter Wasser

Zubereitung

Kartoffeln und Eier mit der Schale kochen, danach abkühlen lassen und schälen.

Alle Zutaten in so feine Würfel wie nur möglich schneiden und in eine separate Schüssel geben.

In einer anderen Schüssel Wasser,

Schmand, saurer Sahne und die Gewürze mischen, abschmecken und dann kühl stellen.

Nun die Zutaten für jede Person in einem tiefen Teller legen und mit dem Wassergemisch verrühren. Je nach Geschmack kann man mehr Flüssigkeit oder weniger rein tun. Am besten kühl genießen zu heißen Sommertagen.

Möhrensuppe

Arbeitszeit: ca. 35 Min. / **Schwierigkeitsgrad:** normal / **Kalorien p. P.:** 280kcal

200g Kartoffeln
2 Lorbeerblätter
1 EL Bohnenkraut
1 kleine Zwiebel
200g Möhren
1 Becher Sahne (optional)

Zusätzlich etwas Wasser, Salz und Pfeffer

Zubereitung

Die Kartoffeln schälen und in Würfel schneiden.

Das Wasser zum kochen bringen und die Kartoffeln hinzufügen.

Die Lorbeerblätter mit dem Bohnenkraut ebenfalls hinzufügen.

Die Zwiebel schälen und ungeschnitten beifügen.

Währenddessen die Möhren schälen, in Scheiben schneiden und dazu geben.

Mit Salz und Pfeffer abschmecken.

Bevor die Suppe fertig ist, die Sahne hinzufügen und kurz aufkochen.
Es schmeckt auch ohne Sahne.

Borschtsch - Sauerkohlsuppe mit roter Bete

Arbeitszeit: ca. 60 Min. / **Schwierigkeitsgrad:** einfach / **Kalorien p. P.:** 150 kcal

2 Liter Wasser
750g Sauerkraut oder frischen Weißkohl
2 Lorbeerblätter
6 Kartoffel
1 Glas rote Bete
4 ELÖl
2 Möhren
1 Zwiebel
3 Knoblauchzehen
1 PackungTomaten (passiert)
1 Bund Dill
1 Becher Schmand

Zusätzlich etwas Salz und Pfeffer

Zubereitung

Das Sauerkraut je nach Geschmack mit Wasser abspülen, damit die Säure herausgewaschen wird und in das kochende Wasser geben. Oder den frischen, gehobelten Weißkohl nehmen.

Mit den Lorbeerblättern würzen. Kartoffeln schälen, in Stücke schneiden und mit kochen.

Die Möhren schälen und reiben. Die Zwiebel schälen und in Würfel schneiden sowie den Knoblauch.

In einer Pfanne das Öl erhitzen und die geriebenen Möhren, die gewürfelte Zwiebel und die drei gehackte Knoblauchzehen glasig dünsten. Dann etwas Brühe hinzufügen und die Tomaten reinmischen. Das Ganze 2 Minuten köcheln lassen. Dann alles in den Topf geben. Jetzt die Suppe mit Salz und Pfeffer abschmecken und die rote Bete, falls noch nicht fertig geschnitten im Glas, in Stücke schneiden oder reiben und dazu tun.

Das Ganze bei mittlerer Hitze köcheln lassen bis alle Zutaten weich sind. Am besten die Kartoffeln mit einer Gabel prüfen ob die sich leicht eindrücken lässt.

Vor dem Servieren Dill hacken und in die Suppe geben.

Die Suppe separat auf dem Teller mit etwas Schmand servieren.

Prejatnovo Apitita!

Grüner Borschtsch

Arbeitszeit: ca. 60 Min. / **Schwierigkeitsgrad:** einfach / **Kalorien p. P.:** 170 kcal

6 Kartoffeln
100g Graupen
oder Reis
1 Zwiebel
200g Sauerampfer
5 Eier
1 Becher Schmand
1 Bund Dill und Lauch

Zusätzlich etwas Salz und Pfeffer

Zubereitung

1-2 Liter Wasser aufkochen.

Die Kartoffeln schälen, in Würfel schneiden und in die Brühe geben. Den Reis mit kochen lassen.

Die Zwiebel schälen und fein schneiden. Den Sauerampfer auch fein schneiden und alles zusammen in die kochende Suppe geben.

Mit Salz und Pfeffer abschmecken und mit Schwand binden.

Vor dem Servieren mit gehacktem Dill und Lauch bestreuen.

Erbseneintopf

Arbeitszeit: ca. 30 Min. / **Schwierigkeitsgrad:** einfach / **Kalorien p. P.:** 180 kcal

1,5 Liter Wasser
2 Gewürznelken
1 Lorbeerblatt
1 kleine Zwiebel
500g Möhren
500g Kartoffeln
1 EL Gemüsebrühe

Zusätzlich etwas Salz und Pfeffer.

Zubereitung

Die Möhren und die Kartoffeln schälen und in Würfel schneiden.

Das Wasser zum Kochen bringen und die Gewürznelken mit Lorbeerblätter hineingeben.

Die kleine Zwiebel schälen und klein schneiden und dazu geben.

Die Möhren und Kartoffeln dazu tun und ca 20 Minuten lang kochen.

Nach Geschmack mit Salz und Pfeffer und der Gemüsebrühe würzen.

Plov - All in One Reistopf

Arbeitszeit: ca. 15 Min. / **Kochzeit:** 35 Min / **Schwierigkeitsgrad:** einfach / **Kalorien p. P.:** 420kcal

2 Möhren
2 Zwiebel
50 ml Öl
250g Reis

Zusätzlich Wasser, Safran, Salz und Pfeffer

Zubereitung

Möhren und Zwiebeln schälen und schneiden. In einem Topf glasig dünsten, dann auch den Reis und das Öl in den Topf geben und etwas anrösten.

Mit Salz und Pfeffer würzen und nach Bedarf etwas Safran für die Farbe dazugeben.

Heißes Wasser bis etwa zweifingerbreit über dem Reis angießen, nicht mischen! Deckel drauf und bei kleinster Flamme 35 Min köcheln. Bevorzugt den Topf zwischendurch nicht öffnen. Zum Schluss wenn das Wasser verdünstet ist, alles schön durchmischen. Fertig!

Wareniki mit Hüttenkäse - Maultaschen

Arbeitszeit: ca. 1 Std. / **Schwierigkeitsgrad:** normal / **Kalorien p. P.:** 240kcal

500g Mehl
2 Eier
3 Becher Hüttenkäse

Zusätzlich Schmand, Zucker, Salz und Pfeffer

Zubereitung

Für den Teig werden Mehl, 2 Eier, Wasser und 1 Prise Salz zu einem homogenen Teig verarbeitet, der nicht kleben darf. Den Teig abgedeckt ca. 30 Minuten ruhen lassen.

Für die Füllung in der Zwischenzeit den Hüttenkäse mit Hilfe eines Küchentuchs ausdrücken, so dass die unnötige Flüssigkeit rauskommt.

Den Teig dünn ausrollen und mit dem Rand der Gläser Kreise raus stechen. Den restlichen Teig wieder verwenden.

Je 1-2 TL Füllung darauf geben, dazu ein 1 TL Zucker und zu einer Tasche zusammendrücken.

Reichlich Salzwasser aufkochen, die Wareniki darin 5-10 Minuten gar kochen.

Das Ganze mit Schmand servieren.

Wareniky - Maultaschen mit Kartoffelpüree

Arbeitszeit: ca. 1 Std. / **Schwierigkeitsgrad:** normal / **Kalorien p. P.:** 320kcal

3 Eier
500g Mehl
2 Zwiebeln

Zusätzlich etwas Salz, Milch und Kartoffelpüree.

Zubereitung

Die Eier mit Mehl und Milch zu einem Teig kneten.

Den Teig ausrollen und Kreise ausstechen (oder Vierecke ausschneiden).

Die Zwiebel schälen und klein schneiden. Anschließend in der Pfanne mit Butter oder etwas Öl anbraten und mit dem Kartoffelpüree vermischen.

Die Füllung jeweils mit einem Esslöffel auf die ausgestochenen Formen legen.

Eine Seite der ausgestochenen Form mit der gegenüberliegenden Seite verbinden und so einen Sichel formen. Die aufeinander geklappten Ränder kann man mit den Fingern zusammen drücken oder mit einer Gabel.

Wasser zum Kochen bringen und die Sichel in das kochende Wasser für 5 Minuten kochen.

Serviert können die mit gebratenen Zwiebel, wenn was übrig geblieben ist.

Bequeme Wareninky

Arbeitszeit: ca. 20 Min. / **Schwierigkeitsgrad:** normal / **Kalorien p. P.:** 200kcal

500g Bandnudeln
100g Butter
1 EL Mehl
200g Schmand
200g körnigen Frischkäse

Zusätzlich etwas Salz und Pfeffer

Zubereitung

Die Bandnudeln wie gewohnt in Salzwasser kochen.

Die Butter in der Pfanne zerlassen und unter ständigem Rühren mit dem Mehl verbinden.

Dann Schmand dazugeben und Frischkäse dazu geben und mit dem Salz und Pfeffer abschmecken.
Die Bandnudeln mit der Soße vermengen und servieren.

Piroschki - Gebratene Teigtaschen mit Füllung

Arbeitszeit: ca. 1 Std. / **Schwierigkeitsgrad:** normal / **Kalorien p. P.:** 520kcal

Für den Teig:

250g Buttermilch
250g Naturjoghurt
1 Ei
2 EL Öl
1/2 Packung Backpulver
1 Packung Hefe (frisch)
800g Mehl
1 TL Salz

Für die Füllung:

Obst, Gemüse oder Kartoffelpüree

Zubereitung

Für den Teig alle Zutaten außer Mehl miteinander vermischen. Dann das Mehl hinzufügen und alles zu einem Teig verarbeiten. Etwa 10 Minuten stehen lassen.

In der Zeit evtl. schon die Füllung vorbereiten. Sehr lecker ist auch die Zusammensetzung von Lauch und Eiern (gekocht) oder Kartoffelpüree.

Kleine Teigkugeln auf der Arbeitsfläche verteilen, diese dann (ca. 1 cm dick) zu einem Kreis ausrollen und füllen. Den Teig über der Füllung verschließen und verkleben.

Dann sofort die Piroschki in heißem Öl ausbacken, nicht weiter gehen lassen! Zwischendurch wenden. Das Öl sollte nicht zu heiß sein, da sonst der Teig innen nicht fertig gebacken wird.

Bei Obstfüllung (z. B. Schattenmorellen, Heidelbeeren oder klein geschnittene Äpfel) je ein Stück Würfelzucker mit dazu legen. Dann läuft der Saft beim Backen nicht aus. Nach dem Backen etwas warten, damit sich der Zucker ganz auflöst.

Fertig gebackene Piroschki lassen sich super einfrieren. Dann hat man einen guten Vorrat und kann diese bei Bedarf schnell in der Mikrowelle oder im Backofen erwärmen.

Piroschki schmecken warm und kalt.

Strudel

Arbeitszeit: ca. 30 Min. / **Schwierigkeitsgrad:** normal / **Kalorien p. P.:** 620kcal

300g Tofu oder Fleischersatzprodukte
1 Zwiebel
6 Kartoffeln

Zusätzlich etwas Öl, Tomatenmark, Salz und Pfeffer

Für den Teig

1 Glas Milch
1 Ei
1 Packung Backpulver
450g Mehl

Zusätzlich etwas Salz und Margarine

Zubereitung

Tofu entweder zerkleinern und in Öl anbraten oder das Fleischersatzprodukt zerkleinern und in Öl anbraten. Mit Salz und Pfeffer würzen.

Die Zwiebel schälen und in Würfel schneiden. Diese dann mit dem Fleisch anbraten und danach etwas Tomatenmark dazugeben. Mit heißem Wasser ablöschen und ca. 10 Minuten schmoren lassen.

Die Kartoffeln schälen, waschen und halbieren. Diese dann zum Fleisch geben und salzen. Wieder etwas Wasser dazu geben bis die Kartoffeln knapp bedeckt sind.

Für den Teig die Milch, das Ei, Backpulver und Mehl mit etwas Salz verarbeiten, ausrollen und mit etwas Margarine bestreichen.

Den Teig in Streifen schneiden und zusammenrollen.

Den zusammengerollten Teig, sprich die Strudel, auf die Kartoffeln legen und bei mittlerer Hitze ca. 30 Minuten kochen.

Zwiebelkuchen

Arbeitszeit: ca. 20 Min. / **Schwierigkeitsgrad:** simpel / **Kalorien p. P.:** 260 kcal

1 Packung Blätterteig
4 große Zwiebeln
4 Eier
2 Becher Crème-fraiche
500g geriebenen Gouda

Zusätzlich etwas Pfeffer

Zubereitung

Den Blätterteig auf ein Blech rollen und den Rand etwas höher drücken.

Die Zwiebeln abziehen und fein hacken.

Die Eier und Crème-fraiche mit den Zwiebeln und dem Pfeffer verrühren.

Den Gouda in die Masse mischen und auf dem Blätterteig verteilen.

Bei 200°C 35 Minuten backen.

Eierfrikassée

Arbeitszeit: ca. 15 Min. / **Schwierigkeitsgrad:** simpel / **Kalorien p. P.:** 230 kcal

1 Liter Gemüsebrühe
8 gekochte Eier
3-4 EL Butter
4 EL Mehl
1 Eigelb
1 Becher Schlagsahne
1 Dose Mais
1 Dose Champignons
1 Dose Spargelstücke

Zubereitung

Die Gemüsebrühe wie gewohnt kochen.

Butter in einem schmelzen und zusammen mit dem Mehl vermischen. Dann in die Brühe geben und 8 Minuten kochen lassen.

In der Zwischenzeit die gekochten Eier schälen und in grobe Stücke schneiden.

Das Eigelb aufschlagen und Schlagsahne dazugeben. Beides zu der Brühe dazu geben.

Mais, Champignons, Spargelstücke und die geschnittenen Eiern zu der Soße geben und sammeln aufkochen lassen.

Dgjarenaja Kartoschka - Bratkartoffeln

Arbeitszeit: ca. 30 Min. / **Schwierigkeitsgrad:** simpel / **Kalorien p. P.:** 480kcal

8 Kartoffel (mittelgroß - groß)
4 Möhren (mittelgroß - groß)
1 Zwiebel (mittelgroß - groß)

Zusätzlich Gewürzmischung, etwas Salz und Öl

Zubereitung

Das Gemüse schälen. Die Kartoffeln in Kreise, Möhren in Streifen und die Zwiebeln in Würfel schneiden.

Alles der Reihe nach in die Pfanne geben - zu erst Kartoffeln, dann die Möhren und zum Schluss die Zwiebeln.

Alles fertig braten und mit der Gewürzmischung abschmecken, evtl. salzen. Heiß servieren.

Warmer Kartoffelsalat

Arbeitszeit: ca. 35 Min. / **Schwierigkeitsgrad:** simpel / **Kalorien p. P.:** 350kcal

500g Pellkartoffeln
1 Gemüsezwiebel
1/2 Becher Kräuterschmand
3 EL Schmand

Zusätzlich etwas Sahne, Salz und Pfeffer

Zubereitung

Die Pellkartoffel und garen.

Die Gemüsezwiebeln abziehen, schneiden und dünsten.

Kräuterschmand und Schmand vermischen und bei Bedarf mit etwas Sahne verdünnen, das Cremige soll aber erhalten bleiben. Anschließend mit Salz und Pfeffer abschmecken.

Nach der Garzeit, die Pellkartoffel pellen und in Scheiben schneiden.

Die Kartoffeln dann mit der Soße und den Zwiebeln vermengen und kurz in einer Auflaufform bei 200°C 15 Minuten backen.

Brokkoli in Ei

Arbeitszeit: ca. 25 Min. / **Schwierigkeitsgrad:** simpel / **Kalorien p. P.:** 180kcal

500g Brokkoli
8 Eier
250ml Milch

Zusätzlich etwas Muskat, Salz und Pfeffer

Zubereitung

Den Brokkoli vorgaben und in eine gefettete Auflaufform geben.

Die Eier mit der Milch verrühren und mit Muskat, Salz und Pfeffer abschmecken.

Alles über den Brokkoli geben und bei 170°C ca eine Stunde überbacken.

Süßer Kürbisauflauf

Arbeitszeit: ca. 35 Min. / **Schwierigkeitsgrad:** normal / **Kalorien p. P.:** 310kcal

500g Kürbisfleisch
3 Äpfel
1 EL Zucker
1 EL Rum
60g Butterflöckchen
100g gehackte Mandeln
1 TL Zimt (optional)

Zubereitung

Das Kürbisfleisch in Würfel schneiden.

Die Äpfel schälen, in Würfel schneiden und allen in eine Auflaufform einschichten.

Den Zucker über die Äpfel streuen und den Rum drüber träufeln.

Die Butterflöckchen zum Schluss verteilen und in den Backofen bei 200°C 30 Minuten backen.

Die gehackten Mandeln auf den fertigen Auflauf drüber streuen und bei Bedarf auch Zimt.

Auberginengemüse

Arbeitszeit: ca. 25 Min. / **Schwierigkeitsgrad:** simpel / **Kalorien p. P.:** 120kcal

8 reife mittelgroße Auberginen
1 Zwiebel
2 Knoblauchzehen
2 Tomaten

Zusätzlich etwas Öl, Paprikapulver, Salz und Pfeffer

Zubereitung

Die Auberginen waschen, schälen und klein schneiden.

Die Zwiebel und den Knoblauch schälen und klein schneiden.

Die Tomaten waschen und ebenfalls kleinschneiden.

Nun die Auberginen mit den Zwiebeln und Knoblauch in Öl anbraten. Danach die Tomaten dazugeben und mit Paprikapulver, Salz und Pfeffer abschmecken.
Vsö gotova! - Alles ist fertig!

Rotes Bohnengemüse

Arbeitszeit: ca. 15 Min. / **Schwierigkeitsgrad:** simpel / **Kalorien p. P.:** 360 kcal

1-2 Dosen Kidneybohnen
1 Zwiebel
1 Aubergine
2 Tomaten

Zusätzlich etwas Öl, Tomatenmark, Salz und Pfeffer

Zubereitung

Die Bohnen abtropfen lassen und mit klarem Wasser abwaschen.

Die Zwiebel und die Aubergine schälen und klein schneiden.

Die Tomaten waschen und in Würfel schneiden.

Die Zwiebeln in Öl anbraten. Dann die Bohnen, Tomate und die Aubergine dazugeben und mit anbraten.

Das Gemüse mit Salz und Pfeffer abschmecken. Wenn das zu trocken ist, einfach etwas Wasser hinzufügen.

NACHTISCH

Russischer Zupfkuchen

Arbeitszeit: ca. 30 Min. / **Backzeit:** 1 Stunde / **Schwierigkeitsgrad:** einfach / **Kalorien p. P.:** 350 kcal

150g Mehl
2 EL Kakaopulver
250g Zucker
5 Eier
75g Butter
1 Packung Vanillin-Zucker
500g Magerquark
400g Doppelrahm-Frischkäse
1 Packung Puddingpulver (Vanille)

Zusätzlich etwas Salz

Zubereitung

Mehl, Kakao, 50 g Zucker, 1 Prise Salz, 1 Ei und Butter zuerst mit den Knethaken des Handrührgerätes, dann mit den Händen schnell zu einem glatten Mürbeteig verkneten.

Teig in Folie wickeln und ca. 30 Minuten kalt stellen.

1/4 des Mürbelteiges abnehmen. Restlichen Mürbelteig auf einer bemehlten Arbeitsfläche rund (ca. 34 cm Ø) ausrollen.

Boden einer Springform (22 cm Ø) mit Backpapier auslegen. Teig in die Form legen, Ränder andrücken. Kalt stellen.

4 Eier, 200 g Zucker, Vanillin-Zucker und 1 Prise Salz dickcremig aufschlagen. Quark und Frischkäse verrühren, Puddingpulver unterrühren. Zucker-Eimasse unterheben. Quark-Käsecreme in die Springform füllen.

Restlichen Teig mit Kakaopulver verkneten, ca. 3 mm dünn ausrollen, in "Flecken" zupfen und auf die Creme verteilen. Im vorgeheizten Backofen (E-Herd: 175 °C/ Umluft: 150 °C) ca. 1 Stunde backen.

Kuchen in der Form auf einem Kuchengitter ca. 1 Stunde auskühlen lassen. Dazu schmeckt geschlagene Sahne.

Tworoshniki - Quarkplinsen

Arbeitszeit: ca. 15 Min. / **Schwierigkeitsgrad:** einfach / **Kalorien p. P.:** 350 kcal

500g Quark
40g Mehl
2 EL Zucker
1 Packung Vanillinzucker
2 Eier
4 EL Butter
4 EL Puderzucker

Zusätzlich etwas Salz

Zubereitung

Den Quark durch ein Sieb in eine tiefe Schüssel streichen.

Mehl, Zucker, Vanillinzucker, Salz und die Eier gut verrühren. Diese Masse auf einer bemehlten Arbeitsfläche zu einer dicken

Wurst rollen und in zehn gleich große Scheiben schneiden.

Butter in einer Pfanne erhitzen und die Teigscheiben von beiden Seiten goldbraun braten.

Die fertigen Tworoshniki mit Puderzucker bestreuen oder warm mit saurer Sahne oder Obstsirup servieren.

Original Russische Piroggen

Arbeitszeit: ca. 45 Min. / **Backzeit:** 15 Min / **Schwierigkeitsgrad:** einfach / **Kalorien p. P.:** 380 kcal

500g Mehl
20g Hefe
1/2 EL Zucker
0,25l Wasser
2 EL Butter
1 Ei
1 Eigelb

Zusätzlich etwas Salz. Für die Füllung eignet sich Apfelmus, Obst und wenn es deftiger werden soll: Wienerwürstchen oder Spinat mit Käse.

Zubereitung

In eine große Schüssel das Mehl, das Ei, das Wasser und etwas Salz geben und einen glatten Teig kneten. In 2 Portionen teilen.

Dann den Teig auf einer bemehlten Arbeitsfläche dünn ausrollen. Mit einem Glas Kreise von 7-8 cm Durchmesser ausstechen.

In die Mitte von jedem Teigkreis einen gehäuften Teelöffel Füllung geben, dann den Teig zu Halbmonden umklappen und die Ränder sorgfältig andrücken. Aufpassen, dass die Füllung nicht an die Ränder kommt!

Kurz vor dem letzen Piroggen den Backofen auf 200 Grad vorheizen.

Die fertigen Piroggen mit verrührtem Eigelb bestreichen und in den Backofen legen
Bei 200 Grad Umluft 10-15 Minuten goldbraun backen.

Russischer Apfelkuchen

Arbeitszeit: ca. 25 Min. / **Backzeit:** 1 Stunde / **Schwierigkeitsgrad:** normal / **Kalorien p. P.:** 330kcal

250g Butter
250g Zucker
4 Eier
2 Packungen Vanillinzucker
1 Packung Backpulver
1 TL Zimt
2 EL Kakaopulver
2 Gläser Rum
250g Mehl
50g Schokolade
50g Nüsse
4 Äpfel (groß)

Zubereitung

Butter schaumig rühren. Zucker und Vanillinzucker langsam ein rieseln lassen und solange rühren, bis er sich mit der Butter verbunden hat.

Eier trennen. Nach und nach die 4 Eigelbe hinzufügen. Eiweiß schlagen, im separaten Behälter bis zum Schluss aufbewahren.

Zimt, Kakao und Rum einrühren.

Mehl mit dem Backpulver mischen und in die Masse sieben, unterrühren.

Zum Schluss Schokolade hacken und mit Nüssen unterheben. Nüsse können ganz oder auch gehackt sein. Äpfel schälen und würfeln und unter den fertigen Teig geben.

Zuletzt das fest geschlagene Eiweiß in den Teig arbeiten.

Bei 180-190°C ca. 1 Stunde backen. Nach dem Erkalten ist der bereit zum Verzehr!

Blenis - Crêpes

Arbeitszeit: ca. 45 Min. / **Schwierigkeitsgrad:** / **Kalorien p. P.:** 450kcal

6 Eier
1 Packung Backpulver
1/2 Tasse Mehl
500ml Milch
3-4 EL geschmolzene Butter

Zusätzlich etwas Zucker

Zubereitung

Die Eier aufschlagen und mit Backpulver und Mehl vermengen bis die Masse geschmeidig wird.

Nach und nach Milch hinzufügen während des Rühren und zum Schluss die geschmolzene Butter unterrühren.

Die Pfanne erhitzen und eine Kelle von der Masse in die Pfanne zerlaufen lassen. Von beiden Seiten goldbraun backen und rausnehmen auf einen Teller stappeln.

Die fertigen Blenis können mit Nutella, Marmelade bestrichen und auch herzhaft belegt werden.

Kartoschka - Süße Kartoffeln nach russischer Art

Arbeitszeit: ca. 1 Std. / **Schwierigkeitsgrad:** einfach / **Kalorien p. P.:** 580kcal

350g Zwieback
100g Löffelbiscuits
200g Butter
100g Walnüsse
2 EL Kakaopulver
1 Glas Milch
1 Glas Zucker

Zusätzlich etwas Milch.

Zubereitung

Die Zwieback und Löffelbiscuits werden gemahlen, bis sie sich wie Sand anfühlen. Walnüsse werden gehackt.

Dann Zwieback-Löffelbiscuits Gemisch, Walnüsse, Butter, Kakaopulver, Milch und Zucker in eine große Schüssel geben und zu einer gleichmäßigen Masse kneten.

Aus der Masse werden jetzt "Kartoffeln" oder Kugel geformt und in Kakaopulver gerollt.

Am besten schmeckt die Kartoschka, wenn man die für eine Stunde im Kühlschrank gelassen hat.

Eichhörnchen

Arbeitszeit: ca. 30 Min. / **Backzeit:** 30 Min. **Schwierigkeitsgrad:** einfach / **Kalorien p. P.:** 560kcal

200g Butter
6 Eier
1 Glas Walnüsse
2 Gläser Zucker
1 Packung Backpulver
2,5 Gläser Mehl
200g Butter
2 Dosen Kondensmilch / Milchmädchen (gezuckert)

Zubereitung

Für den Teig Butter, Zucker und Ei mixen. Restliche Zutaten unterheben.

Teig auf ein Backblech geben und bei 200° ca. 30 Minuten backen.

Für die Creme Milchmädchen mit Butter mischen mit einem Handrührgerät mischen.

Nach dem Backen Kreise ausstechen oder mit einem Glas ausschneiden. Reste fein zerbröseln.

Kreise mit Milchmädchencreme ringsherum beschmieren und in den zerbröselten Krümeln wälzen. Ein Genuss!

Impressum

Kontakt

Marina Frank / Boltensternstr. 96 / 50735 Köln

Design: Marina Frank
Fotos, Titelbild: depositphotos.com

Printed in Germany
by Amazon Distribution
GmbH, Leipzig

28696093R00045